AF319358

ESSAI

SUR

LE DROIT DES GENS.

1795

En étudiant le droit de la nature du Baron de Wolff, Mr de Vattel rassembla des remarques sur les matières les plus intéressantes de ce traité, & les publia, *sans crainte de faire aucune peine à cet homme illustre, ni de donner occasion à ses injustes détracteurs de décrier ses ouvrages, si capables d'éclairer le genre humain* [1]. On a cru que l'exemple donné de cette manière par un

(1) Préface de l'ouvrage de Mr de Vattel intitulé *Questions du Droit Naturel*. Avertissement page 2.

disciple du Baron de Wolff, devoit
être suivi à l'égard d'un ouvrage digne de l'école de ce philosophe célébre, & qui a acquis à son disciple une réputation bien méritée. Le
traité du Droit de la Nature a paru
exiger les observations de M.ᵉ de Vattel, parce qu'il s'agit „ *d'une matière dans laquelle aucune erreur n'est
indifférente, et que s'il est échappé
à un auteur d'un aussi grand poids
que l'est M.ᵉ de Wolff quelque déci-
sion peu juste, son autorité entraine-
roit plus d'un lecteur dans des erreurs
dangereuses pour la pratique, qu'u-
ne petite remarque peut prévenir,*„[1].
Cette réflexion qui a surmonté les
scrupules de M.ᵉ de Vattel, est plus
particuliérement applicable au trai-

---

[1] Ibid. page 5.

té du Droit des Gens de celui-ci. Car s'il s'y trouve des propositions qui ne doivent pas être admises sans précautions, s'il s'est glissé dans le fil qui les lie quelques paralogismes, malgré le zèle de cet auteur pour la vérité, les efforts qu'on fera pour la développer, séconderont ses intentions, en se fondant sur les principes qui ont dirigé sa plume. La matière qu'il traite est si importante, qu'il est essentiel de suivre dans cette analyse la méthode qu'il a indiquée lui-même, & les observations rassemblées en la suivant, serviroient à rendre son traité aussi utile qu'il paroit destiné à l'être. Le Droit des Gens est une science dont l'esprit philosophique a rendu l'étude plus intéressante, à mesure qu'il en a fait disparoître les difficultés & les épines scholastiques qui la hérissoient autre-fois. Son importance pour le bonheur des nations la rendant essentielle à ceux qui ont part à l'administration des Etats, on avoit cru devoir l'étayer d'une vaste érudition, pour en rendre les fondemens plus solides, & les premiers auteurs qui ont traité cette matiere ont cherché jusques dans l'antiquité sacrée & profane de quoi autoriser leurs décisions. Cette méthode qui introduisoit de la confusion et de l'incertitude dans une science dont les principes sont si lumineux par eux-memes, a été corrigée de nos jours par des écrivains philosophes qui ont développé ces principes dans leur ordre naturel, en les appliquant aux cas les plus controversés. Mais il étoit essentiel sur-tout de fixer les limites qui servent à distinguer les devoirs de la morale de ceux du Droit Naturel & des Gens, trop souvent confondus par des auteurs célébres. Les recherches de Mr Sulzer [1] pour déterminer le principe distinctif de ces devoirs, ont répandu un nouveau jour sur cette matière, & serviront à résoudre des questions sur les sujets les plus intéressans qu'elle présente.

La plus grande partie de cet Essai est renfermée dans les deux mémoires qui ont été lus dans des assemblées particulières de l'Académie de Berlin & publiés dans son recueil de 1789 & 1790, sous la forme que Mr de Vattel a donné à ses questions

[1] V. Mémoires de l'Acad. R. des Sciences & Belles Lettres de Berlin, année 1756.

de Droit Naturel, dont la méthode
y a servi de modèle. On s'est borné
ici à citer les paragraphes du traité
de Droit des Gens de cet auteur auxquels les questions discutées sont relatives, sans les rapporter dans toute leur étendue, & l'on a donné à
ces observations une liaison indépendante de l'ouvrage qui les a fait naî-
tre. Comme elles ont pour objet la
plupart des points controversés du
Droit des Gens, leur ensemble pré-
sentera un apperçu de ce que cette
science a de plus digne de l'attention & des recherches de ceux qui
seroient capables d'y répandre plus
de lumières, & d'en accélérer les
progrès.

I.

Le droit des gens volontaire se déduit, selon M.ʳ de Wolff, de l'idée d'une espèce de grande République (*Civitatis maximae*) instituée par la nature, & de laquelle toutes les nations sont membres. Dans une telle Société les règles de droit des gens volontaire doivent modifier celles du droit naturel de la même manière que le droit civil modifie celles-ci dans une Société d'individus. M.ʳ de Vattel [1] ne trouve pas cette idée satisfaisante; il ne reconnoît point d'autre Société naturelle entre les nations que celle que la

[1] Préface, page 29.

nature a établie entre tous les hommes, & il se promet de faire voir que toutes les modifications, les restrictions, & tous les changemens en un mot qu'il faut apporter dans les affaires des nations à la rigueur du droit naturel, & dont se forme le droit volontaire, se déduisent *de la liberté naturelle des nations,* des intérêts de leur salut commun, de la nature de leur correspondance mutuelle, de leurs devoirs réciproques, & des distinctions de droit interne & externe, parfait & imparfait. Selon M.ʳ de Vattel, l'obligation & le droit qu'elle produit est *interne* en tant qu'elle lie la conscience, qu'elle est prise des règles de notre devoir; elle est *externe* en tant qu'on la considère rélativement aux autres hommes, & qu'elle produit quelques droits entr'eux. Celle-ci est *parfaite* lorsqu'elle produit le droit de contrainte; *imparfaite* lorsqu'elle ne donne à autrui que le droit de demander. On reviendra dans la suite sur cette distinction plus spécieuse que solide, dont l'auteur déduit en forme de corollaire des conséquences peu essentielles à son système. Au lieu de fonder celui-ci sur l'hypothèse adoptée par le Baron de Wolff d'une Société générale des nations, il admet celle de leur liberté & indépendance *absolue*, dont on indiquera l'insubsistance réelle, & l'insuffisance même pour le but que l'auteur se propose dans son ouvrage, puisqu'il est contraint de revenir à l'idée de Wolff qu'il avoit rejettée d'abord. Il convient lui-même [1] *que l'Europe forme un système politique, un corps où tout est lié par les relations et les divers intérêts des nations qui habitent cette partie du monde. L'attention continuelle des Souverains à tout ce qui se passe,*

____

(1) Livre III, §. 47.

les Ministres toûjours résidens, les négociations perpétuelles, font de l'Europe une espèce de République, dont les membres indépendans, mais liés par l'intérêt commun, se réunissent pour y maintenir l'ordre et la liberté; c'est ce qui a donné naissance, ajoute-t-il, à cette fameuse idée de la balance politique et de l'équilibre des pouvoirs. C'est ainsi que selon M.ʳ de Vattel l'hypothèse fondamentale du Baron de Wolff se trouve réalisée en quelque sorte par la constitution politique des Etats de l'Europe, & c'est ce qui donne au principe que le Philosophe Allemand a adopté, une nouvelle prérogative qui le rend d'autant plus admissible. Cette Société générale des nations qui fait la base du système politique de l'Europe, est toûjours présupposée comme existante sans l'entremise d'aucune convention expresse, & par la seule force de la nécessité qui y lie chaque nation en particulier. La base de ce système est la persuasion où l'on est, que chaque nation voulant naturellement sa sûreté personnelle, toutes celles de qui la sûreté est évidemment ou indirectement menacée doivent être décidées par le danger commun à s'unir pour lui opposer une commune résistance. Le système de la balance n'a pu s'établir sur un autre fondement que sur l'existence de cette confédération naturelle & nécessaire, & la manière d'en régler les procédés a été le point principal dont la politique a dû s'occuper. En déduisant ainsi les principes du droit des gens d'une telle hypothèse, leurs conséquences sont plus conformes à l'avantage commun des nations, qui est le but de leur Société générale. Mr de Vattel rejette d'abord cette idée [1] parce que

____

(1) Préface, page 30.

selon lui une Société ne peut se former
sans confier à un Souverain l'exercice
de l'autorité, & qu'on ne peut rien concevoir de semblable entre les nations
puisque chaque Etat est indépendant de
tous les autres. Cependant il convient
lui-même ensuite [1] que selon l'esprit
de la confédération Helvétique, le corps
entier prend connoissance des troubles
qui s'élèvent dans quelqu'un des Etats
confédérés, quoique chacun d'eux soit
véritablement Souverain & indépendant.
Ce seul exemple cité prouve qu'une Société de nations, (lors même qu'elle
n'existeroit pas en vertu d'un pacte
fondamental & d'une convention expresse) n'a rien de contradictoire, &
que sans confier à un Souverain l'exercice de l'autorité, les nations qui con-
servent leur indépendance doivent être
présumées avoir limité elles-mêmes leur

---

[1] Livre I, §. 52.

liberté originairement absolue, afin de mieux s'en assurer l'usage par le concours des autres à leur sûreté comme à leur bonheur. Le principe de cette sûreté sur laquelle repose la jouissance des avantages communs à toutes les nations, suffit donc pour constituer une Société entr'elles; & c'est le droit des gens qui indique l'application de ce principe. Ses décisions forment un code sanctionné par cette grande Société, dont les membres doivent réunir leurs forces contre l'infracteur de la loi, lorsqu'il est convaincu d'une lésion *manifeste*, qui ne peut être reconnue telle qu'en admettant le principe posé par M.ʳ Sulzer, comme on le verra dans la suite de ces observations. Ce n'est point à la vérité un tribunal suprême qui prononce la sentence contre l'infracteur, puisque la composition idéale d'un tel tribunal, & la difficulté d'en exécuter les décrets sans obstacle, ont fait considé-

rer le projet de l'établir comme *le rê-
ve d'un homme de bien* [1]. Mais l'e-
xemple des Cantons Suisses déjà cité
plus haut, prouve que sans être sou-
mises à la pluralité des suffrages dans

----

[1] C'est ainsi que le Cardinal Dubois jugeoit
des projets de l'Abbé de St. Pierre. Celui dont
il s'agit n'étoit pas nouveau. Henri IV, selon
la plupart des historiens de son tems, en mettant
sur pied une nombreuse armée sous prétexte d'empêcher l'Empereur d'usurper la Succession de Ju-
liers, vouloit se servir de cette occasion pour
faire éclorre le dessein qu'il avoit formé de par-
tager l'Europe en quinze Etats à-peu-près de même étendue & de même force : ces Etats n'eussent
plus fait qu'un corps appellé la République Chrétienne, qui auroit eu son Sénat composé des députés de chaque Etat pour juger les querelles
qui auroient pû naitre & en prévenir les suites.
L'assassinat de ce monarque empêcha l'exécution de ce plan dont quelques écrivains ont révo-
qué en doute même l'existence. Son succès au
moins étoit problématique, quelques moyens que
Henri eût rassemblés pour l'assurer ; mais ceux
qui en ont évalué les probabilités au plus bas
degré dans l'ordre politique, n'ont point jugé
que le Prince qui avoit conçu ce projet & le Ministre dans les papiers de qui on en a trouvé des
indications, eussent méconnu en le formant les
principes du droit des gens.

des délibérations communes, & sans avoir renoncé même à aucun droit essentiel de la Souveraineté, des nations indépendantes peuvent veiller de concert au maintien de leur repos, en punir les infracteurs & travailler à leur bonheur mutuel. Leibnitz a rassemblé dans son Code Diplomatique des indices qui établissent l'existence d'une Société Chrétienne qui fut considérée pendant quelques siècles comme liant tous les Etats de l'Eglise Latine pour leur intérêt commun, & les Conciles servoient d'assemblées générales pour terminer les discussions temporelles des Princes. Il ajoute „ que ce fut comme „ un droit des gens entre les Chrétiens „ Latins durant quelques siècles, & les „ Jurisconsultes raisonnoient sur ce „ pied là. Dans le Concile de Constan- „ ce on s'avisa de donner un peu plus „ de forme à cette société, en y trai- „ tant les affaires par nations; & com-

„ me il n'y avoit point de Pape alors,
„ l'Empereur Sigismond y fut le dire-
„ cteur de la Société Chrétienne. On
„ y prit même des mesures pour tenir
„ souvent de tels Conciles; mais les
„ Papes qui auroient pu s'en prévaloir
„ pour étendre & accroître leur auto-
„ rité, n'ayant pas les qualités d'un
„ Nicolas I.er ou d'un Grégoire VII.e,
„ s'y opposerent, craignant d'être sou-
„ mis à la censure, & ce fut le com-
„ mencement de leur décadence. „ Il
ne s'agit pas de savoir si la rupture de
cette Société générale existante alors,
eut pu être prévenue en suivant les
mesures prises à Constance, & si de
nos jours ce plan ne seroit pas aussi
chimérique que le projet de la Diete
Européenne imaginée par l'Abbé de St.
Pierre; cette discussion seroit étrangère à l'objet discuté par M.r de Vattel.
Il suffit de démontrer que l'hypothèse
du Baron de Wolff qu'il a rejettée,

n'a rien de contradictoire, & que la fiction d'une République instituée par la nature elle-même, est assez juste & assez solide pour en déduire les règles d'un droit des gens universel, nécessairement admis entre tous les Etats Souverains, & qui seroit comme le droit public de cette République fictive. Le droit naturel appliqué aux Sociétés fonde quelque-fois ses décisions sur de telles fictions, dans le cas où le plus grand bien général semble exiger de modérer la rigueur de ce droit en feignant de s'y conformer. L'utilité des Ambassades, par exemple, exigeant l'indépendance des Ministres publics dans les lieux de leur résidence, tandis qu'au contraire la souveraineté absolue du Prince auprès de qui ils sont envoyés ne comporteroit aucune limitation à leur égard dans l'étendue de ses Etats, c'est par une fiction de droit des gens qu'ils en sont reputés *absens*, & l'on feint

que leur personne & leur maison sont
hors de ce territoire pour fonder l'immunité dont ils y jouissent. Le droit
civil admet également des fictions nécessaires pour concilier dans des cas
particuliers le plus grand bien de la
Société avec la rigueur de la loi. Les
Jurisconsultes Romains ont fait un fré-
quent usage des fictions de droit; celle
de l'hérédité des fils émancipés, celle
de la succession des cognats, celle du
droit de *post-liminii*, en sont des e-
xemples remarquables. Ainsi il paroit
démontré que le droit de la nature,
soit qu'on l'applique aux Sociétés ou
aux individus qui les composent, admet également les fictions nécessaires
au plus grand bien général, & que celle dont il s'agit dans cet article méri-
toit à tous égards de servir de base au
système du droit des gens de M.ʳ de
Vattel.

II.

Le droit de commerce n'étant point
de ceux que l'on nomme *parfaits*, ne
seroit, selon M.ʳ de V., qu'un droit
imparfait, pareil à celui qu'a un pauvre de recevoir l'aumône d'un riche[1];
si celui-ci la refuse, le pauvre est fondé à se plaindre, mais il n'est pas en
droit de la prendre par force. Puisque
les fondemens du droit des gens repo-
sent sur la plus grande utilité des nations, comment pourroit-on compter
parmi les droits qui résultent de l'obligation de se conserver & de se perfectionner, un prétendu droit *imparfait*
pareil à celui de demander l'aumône?
On est fondé, selon l'auteur, à se plaindre en cas de refus; mais quel usage
une nation peut elle faire du droit de
se plaindre, si on lui refuse celui de

____

[1] Livre 1, §. 88, 91.

faire cesser les motifs de sa plainte?
C'est la ressource de l'impuissance, &
si elle peut être tolérée dans une Société civile pour de malheureux individus,
elle devroit être interdite aux nations
à qui il importe de ne pas s'avilir. Le
droit des gens ne sauroit être fondé que
sur les bases inébranlables de la justice universelle, sur qui repose l'obligation & le droit de se conserver & de se
perfectionner, tout comme les principes
de cette justice servant de base au droit
civil de chacune de ces nations en particulier, sont le lien & la sauve-garde
des individus qui la composent. Dans
une pareille Société, rien n'autoriseroit
un individu à faire usage d'un prétendu droit imparfait de demander à un
autre ce qui pourroit être légalement
refusé; & un tel droit ne donnant aucune action civile à un particulier, ne
lui réserveroit que le privilège funeste
de manifester des reproches & des plain-

tes, préjudiciables à l'harmonie & au repos de toute société. Celle qui unit les nations ne peut pas plus admettre le droit de se plaindre d'un juste refus, & il y seroit même d'une conséquence plus dangereuse que dans une Société civile, puisque dans celle-ci la protection des individus même les plus foibles, est confiée à un magistrat suprême, qui les garantit des dangers auxquels leur propre foiblesse peut les exposer; tandis qu'une nation indépendante est obligée au défaut des forces naturelles qu'il n'est pas toûjours en son pouvoir de se procurer, de faire usage de celles qui tiennent à l'opinion & qui suppléent quelquefois avantageusement aux forces réelles. Le soin de maintenir sa dignité & sa considération extérieure est donc un devoir pour elle, & rien ne sauroit lui nuire d'avantage à cet égard que de manifester sa foiblesse par d'impuissantes plaintes, lorsqu'une autre nation manque d'égards pour elle, sans cependant lui faire injure ni léser ses droits parfaits. Réserver aux nations le droit de se plaindre, ne seroit ce pas autoriser implicitement parmi elles les effets d'une inimitié secrete qu'il importe à leur bonheur commun d'éloigner & de bannir de leur société? Comme on ne sauroit concevoir d'autre droit externe que celui qui peut être soutenu par la force, on voit clairement que la dénomination de *droit externe imparfait* est aussi abusive en elle-même qu'elle le seroit dans ses conséquences par rapport à la conduite des nations entr'elles. Si donc on la bannissoit entierement du droit des gens en se fondant sur le principe établi par M.ʳ Sulzer, on ne laisseroit à une nation qui suivroit envers les autres les règles immuables de la justice, que l'alternative d'oublier & d'anéantir tout ce qui pourroit fonder de sa

part des réclamations vaines & des plaintes inutiles vis-à-vis d'une autre nation
qui ne lui feroit aucune injure en re-
fusant ses demandes ; ou de la contraindre à accorder ce qui lui seroit deman-
dé en vertu d'un droit parfait. La base
du droit des nations n'en deviendroit
que plus inébranlable, lorsqu'on écar-
teroit ainsi ce qui n'est propre qu'à
rendre leur conduite réciproque moins
digne du but de leur Société générale.

III.

Il est des droits qui consistent dans
un simple pouvoir: on les appelle en
latin *Jura merae facultatis*. Les droits
de cette espèce ne peuvent se prescrire
par le non usage ; mais de ce que le droit
de commerce est de ce genre, & par
conséquent imprescriptible, il n'en résulte pas, comme M.' de V. le suppose,[1]

(1) Livre I, §. 95.

4

que quand deux nations auroient com-
mercé ensemble sans interruption pendant un siècle, ce long usage ne leur
donnât aucun droit ni à l'une ni à l'autre: car ce n'est pas toûjours un droit
de pure faculté que celui qu'une nation a acquis par un usage immémorial de trafiquer chez une autre. La
nation chez qui elle l'exerce a celui
d'interdire l'entrée des marchandises
étrangères qui font l'objet d'un tel
commerce; & tant que cette défense n'a pas lieu, l'interruption de leur
importation dans ses Etats n'opére
point la prescription de ce commerce, qui dans ce sens est un droit de
pure faculté. Mais si par un long u-
sage une nation est en possession de
commercer dans les Etats d'une autre,
sans que celle-ci se soit engagée for-
mellement à le permettre; en suppo-
sant que cet usage ne fonde aucun droit,
on demande si dans le cas d'une guer-

re entre la nation qui fait le commerce & un autre Etat, la nation chez qui la premiere est dans l'usage de commercer, voulant conserver la neutralité dans cette guerre, pourroit sans en violer les loix interdire le commerce? Les loix de la neutralité exigent la permanence & la continuité de l'état où une nation neutre se trouvoit avant la guerre; d'où il résulte que l'interdiction du commerce qu'une puissance belligérante faisoit auparavant dans les Etats d'un neutre, expose celui-ci à n'être plus regardé comme tel; tandis qu'en continuant le commerce qu'il avoit coutume de faire avant la guerre avec cette puissance, pourvu que les marchandises qu'il lui fournit ne soient pas du genre de celles qui sont connues sous le nom de *contrebande de guerre*, le neutre demeure dans les justes limites des droits de la neutralité, & n'encourt aucune réclamation fondée

de la part de l'ennemi, à qui le prétendu droit imparfait de se plaindre
seroit, comme on l'a vu, une ressource inutile. L'Auteur ajoute que le long
usage où sont les Anglois de tirer des
vins de Portugal & d'y vendre leurs
draps, n'oblige point de continuer ce
commerce, & que les Portugais n'ont
point perdu la liberté de vendre leurs
vins & d'acheter des draps ailleurs,
tout comme les Anglois ne sont point
obligés d'y vendre les uns & d'y acheter les autres. ,, Si une nation, dit-il,
,, désire quelque droit de commerce qui
,, ne dépendra plus de la volonté d'un
,, autre, il faut qu'elle se le procure
,, par un traité. ,, Il y a peu de traités
de commerce plus célébres que celui que
l'Ambassadeur Anglois Méthuin conclut
en 1703 avec la Cour de Lisbonne. Cette Cour s'engageoit à permettre l'entrée de toutes les étoffes de laine de la
Grande Brétagne sur le même pied

qu'avant la prohibition faite en 1684, à condition que les vins de Portugal payeroient un tiers de moins que ceux de France aux douànes d'Angleterre. Ainsi le commerce des Anglois en Portugal que l'on cite comme fondé seulement *sur l'usage immémorial*, l'est au contraire *sur un traité*, qui mérita au Ministre qui l'avoit conclu la reconnoissance publique de la nation Angloise. Mais à supposer même qu'il n'y eût aucun traité entre l'Angleterre & le Portugal, & que l'usage seul assurât aux Anglois les avantages résultans du commerce de ce Royaume, ce commerce ne seroit point, comme on l'a dit, un droit de pure faculté dans tous les cas; comme les articles qui en font l'objet, sont de première & de seconde nécessité & non de contrebande de guerre; si dans une guerre entre l'Angleterre & l'Espagne, le Portugal en voulant demeurer neutre, eût interdit le

commerce aux Anglois, ceux-ci auroient
pu considérer cette défense dans de pareilles circonstances, si ce n'est comme
une infraction *directe* des devoirs de
la neutralité, au moins comme le signe d'une partialité incompatible avec
ceux-ci.

IV.

Les nations peuvent mettre telles
clauses qu'elles trouvent à propos dans
leurs traités: mais peut-on n'accorder
par une convention qu'un droit *précaire*, en se réservant la liberté de le
révoquer toutes les fois qu'on le vou-
dra? Il seroit difficile d'appliquer à l'u-
sage des nations un pareil principe.
Les traités étant les loix positives des
nations, toute convention solemnelle
destinée à servir de règle & de mode
de vivre entre deux Etats, ne doit rien
contenir qui soit *précaire*, dans le
sens que M.ʳ de V. attache à ce ter-

me [1], puisqu'alors une nation pourroit enfreindre à volonté les engagemens qu'elle auroit pris, sans que l'autre partie contractante eût le moindre droit d'en exiger l'observation. Il est vrai qu'il y a des conventions précaires de leur nature; mais elles ne le sont point par la simple volonté des contractans. La Russie, par exemple, a accordé par le traité d'Abo à la Suède le droit de charger dans le port de Riga en Livonie une quantité déterminée de bled. Il y a dans cette convention une exception tacite, c'est celle qui résulteroit du cas où l'Empire de Russie se trouveroit dans une année de disette. La Capitale & les Provinces voisines manqueroient alors du bled nécessaire à leur approvisionnement, sans pouvoir s'en procurer facilement ailleurs. Une telle situation pouvant faire craindre au

____

(1) Livre II, §. 29.

Gouvernement Russe que la subsistance de ses sujets ne souffrît, par l'ex-
portation du bled accordée annuelle-
ment à la Suède, on appliqueroit dans
ce cas à la convention qui l'autorise,
une des règles de l'auteur pour l'interprétation des traités, qui ne seroit d'aucun usage s'ils admettoient des conditions
précaires dont l'exécution dependît entiérement de la volonté des contractans.

V.

La distinction des droits parfaits
& imparfaits indiquée plus haut, conduit l'auteur à n'attribuer qu'un droit
imparfait à celui qui demande qu'on
répare à son égard l'omission d'un u-
sage reçu [1]. Si cet usage est tellement suivi, que son omission blesse celui à l'égard de qui elle a lieu, & qu'il
ait droit de s'en plaindre, en deman-

-----

[1] Livre II, §. 48.

dant qu'on la répare ; bien loin que le refus de cette réparation dépende absolument de la volonté de l'autre partie, ce refus au contraire seroit une insulte. Il faut d'abord établir que l'usage dont il s'agit est reçu par le consentement présumé des nations, comme le salut du pavillon des vaisseaux, celui du canon des forteresses &c., si cet usage a été constamment suivi entre deux nations, & que l'une d'elles veuille s'en exempter, l'omission alors autorise l'autre à en demander raison; & si on refuse de la réparer, ce refus est une injure qui donne un droit parfait de contrainte.

VI.

Si l'administration de la justice exige nécessairement que toute sentence définitive prononcée régulièrement soit tenue pour juste & exécutée comme telle, dès qu'une cause dans laquelle des étrangers se trouvent intéressés a été jugée dans les formes, le Souverain de ces plaideurs ne peut écouter leurs plaintes. Entreprendre d'examiner la justice d'une sentence définitive c'est attaquer la jurisdiction de celui qui l'a rendue; & le Prince, selon M.ʳ de V. [1] ne devroit intervenir dans les causes de ses sujets en pays étranger que dans les cas *d'un déni de justice ou d'une injustice évidente et palpable, ou d'une violation manifeste des règles et des formes, ou enfin d'une distinction odieuse faite au préjudice de ses sujets, ou des étrangers en général* [2]. Mais dès que l'on admet qu'une injustice évidente autorise l'intervention étrangère, on renverse le

____

(1) Livre II. §. 84.

(2) Un fait récent a rendu intéressante la discussion de ce point de droit des gens ; c'est la sentence rendue à Venise dans l'affaire du Résident Cavalli avec les Négocians Chomel & Jor-

principe établi d'abord ; car chaque intervenant prétendra que l'injustice est *évidente*, & la violation des règles *manifeste*. Qui prononcera là-dessus ? Le principe de l'auteur sur la liberté & l'indépendance *absolue* des nations, empêcheroit de résoudre jamais cette

---

dan d'Amsterdam, qui le prirent à partie pour les avoir engagés dans des affaires de commerce avec la maison Peowich, dont un aventurier nommé Zanovich étoit l'entremetteur. Il fut reconnu que cette maison n'avoit jamais existé; mais la sentence de Venise abandonnant Zanovich aux poursuites de ses créanciers, mit le Résident Cavalli à couvert de celles que les négocians d'Amsterdam dirigeoient contre lui. Les Etats Généraux, comme protecteurs desdits Négocians leurs sujets, se sont plaints de cette sentence, comme si le Sénat de Venise avoit soustrait ce Résident à la justice publique; tandis que la République de Venise alléguoit qu'elle ne pouvoit changer ses usages & ses formes, & que chaque Etat étant obligé d'adapter ses résolutions aux principes fondamentaux de sa Constitution & à ses loix, on ne pouvoit se plaindre du jugement rendu.

question, & on tomberoit dans l'arbi-
traire. Mais celui de M.ʳ Sulzer appliqué à la société générale des nations
fournira ici un moyen de solution. Si
l'injustice d'une sentence est reconnue
généralement au signe qu'il indique par
les autres Souverains impartiaux, dès
lors l'Etat qui l'a rendue est conda-
mnable par le droit des gens à réparer
le dommage & le préjudice causé par
cette sentence. ,, *Les devoirs,* dit M.
,, Sulzer, *qui sont d'une certitude*
,, *absolue, et d'une notoriété publi-*
,, *que, sont des devoirs parfaits.* ,,
Ainsi le devoir d'un Etat qui a autorisé une sentence *notoirement injuste,*
est de réparer l'injustice, & on peut
l'y contraindre par la force. ,, *Au con-*
,, *traire les devoirs qui dépendent de*
,, *son propre jugement, sont des de-*
,, *voirs imparfaits qui ne sont pas su-*
,, *jets aux loix. Tout devoir qui ré-*
,, *sulte d'un état particulier de cho-*

„ ses, des forces, des facultés et des
„ circonstances personnelles, est un
„ devoir de la morale dont on ne peut
„ exiger l'observation par la force, et
„ n'est point un devoir parfait du droit
„ des gens. „ Selon ce principe, une
sentence rendue d'après des circonstances particulières que l'Etat ou le tribunal seul peut connoître, & qui par
conséquent ne peut être ni parfaitement
justifiable, ni notoirement condamna-
ble aux yeux des nations étrangères,
est hors de réclamation de leur part.

VII.

Grotius dit avec raison que le droit
d'aubaine vient des siècles où les é-
trangers étoient presque regardés comme ennemis, mais quelle qu'en soit
la source, on ne sauroit admettre com-
me Mr de V. [1] *que la loi naturelle*

(1) **Livre II, §. 112.**

ne peut souffrir l'exercice de ce droit que par voie de rétorsion; car s'il étoit réellement contraire à cette loi, il ne pourroit être autorisé par la loi civile d'un Etat, & cependant le Roi de Sardaigne y assujettit toutes les nations qui n'ont pas contracté avec la Cour de Turin des traités d'exemption. Il faut plutôt dire que c'est un droit odieux en lui-même, un reste du système féodal, mais que l'usage & le consentement tacite des nations a tellement toléré jusqu'à nos jours, qu'en vertu du droit des gens *volontaire* elles le laissent subsister entr'elles par une convention tacite, tout comme elles ont consenti à l'usucapion, qui à rigueur de droit naturel ne sauroit légitimer une possession mal acquise, mais qui cependant est reçue pour y maintenir le possesseur après un long laps de tems. Le droit d'aubaine se présume; car pour qu'il n'existe plus, il faut, ou ne s'en pas prévaloir vis-à-vis des nations qui elles-mêmes ne s'en prévalent pas, ou y avoir renoncé par une convention expresse avec celles qui l'autorisent par leurs loix positives. D'ailleurs on ne sauroit soutenir que ce droit soit contraire à la loi naturelle, lorsqu'on ajoute *qu'elle ne le souffre que par voie de rétorsion*, puisque cette loi ne peut souffrir jamais, même *par rétorsion*, aucun acte qui lui soit contraire.

VIII.

En attribuant au droit de nécessité l'effet d'un droit parfait, c'est-à-dire, de contraindre par la force, Mr de V. [1] admet cependant que si ceux qu'on veut contraindre éprouvent une nécessité égale à s'y refuser, ils ont le droit de résistance; mais ce préten-

[1] Livre II, §. 119.

du droit parfait seroit alors quant à ses effets un droit imparfait, puisqu'on pourroit s'y refuser avec justice. On voit par là combien la distinction de droits parfaits & imparfaits est illusoire dans ses applications. L'abbé Galliani dit que *la nécessité ne donne point de droit* [1]; & le devoir parfait, selon M.ᵉ

[1] „ Il peut se rencontrer„ dit il * „ entre deux personnes, ou deux Sociétés d'hommes (considérées comme personnes morales) des droits égaux ou presqu'égaux qui sont en conflict entr'eux. Celà arrive toutes les fois que les devoirs envers soi-même contrastent avec les devoirs envers les autres, de telle manière qu'on ne peut les combiner ensemble; ils sont pour ainsi dire en équilibre, & des deux parts c'est le *cas de l'extrème nécessité*. S'il en résulte une guerre elle sera légitime des deux côtés, & le succès de celui qui sera supérieur en forces & en ressources n'a rien de commun avec le droit; il ne rend point *injuste* la prétention du vaincu, il la rend seulement *malheureuse*. Toutes les fois qu'il n'y a pas équilibre de droit, la raison veut que le droit majeur prévale; le droit consiste dans l'ac-

* Pages 20, 21 et 22.

Sulzer, doit toûjours être tel, que celui qui veut l'exiger soit en état de connoître avec certitude que c'est une

---

complissement parfait du devoir envers soi-même, & du devoir envers autrui. Ces deux devoirs se remplissent parfaitement lorsque dans un cas donné la plus grande utilité propre se combine avec le moindre dommage d'autrui, & réciproquement quand la plus grande utilité d'autrui se combine avec le moindre dommage personnel. Il y a une gradation d'approximation & d'éloignement de ce point; & de cette gradation dérivent les noms des vertus & des vices, & de tous les actes moraux. Les loix du droit de la guerre découlent de cette théorie des devoirs. Ainsi toute la science du droit de la guerre est l'étude de la solution d'un problème de *maximis & minimis*.,, — Toute cette théorie sur laquelle l'abbé Galliani fonde son principe, que *la nécessité ne donne point de droit*, lui sert à combattre la plûpart des auteurs qui ont traité au long du droit de nécessité, & qui ont perpétuellement confondu les devoirs de la loi naturelle, le droit divin positif ou les loix Mosaïques, les loix canoniques, les loix civiles, les conseils de l'Evangile, la pure justice & l'héroïsme; c'est cette confusion qui cause dans les ouvrages de ces auteurs tant de systèmes imaginaires.

des obligations naturelles de celui dont
on l'exige. Il est donc faux que l'extrême nécessité rende juste toute a-
ction. Elle rend seulement *excusable,*
une action par elle-même *injuste.* La
nécessité n'a donc aucun droit, elle a
seulement des privilèges ; mais ses privilèges sont les mêmes que ceux de l'i-
gnorance, de l'inadvertance, de la fo-
lie, du délire : en un mot, de tout état
où l'homme opére sans avoir la liberté
de ses actions. Ainsi dans le cas où
l'extrême nécessité seroit égale, & commune aux deux parties, le droit de
celle qui défend sa propriété est de
beaucoup plus grand que celui de l'autre qui est forcé par nécessité à l'attaquer.

IX.

Le droit d'usage innocent n'est point
un droit parfait comme celui de nécessité, car c'est au maître de juger si

l'usage qu'on veut faire d'une chose qui lui appartient, ne lui cause ni dommage ni incommodité. Ce seroit seulement dans tous les cas susceptibles de doute que selon Mr de V. [1] l'on n'auroit qu'un droit *imparfait* à l'usage innocent des choses qui appartiennent à autrui; & lorsque l'innocence de l'usage seroit *évidente* & absolument indubitable, le refus deviendroit une *injure*. Mais si c'est à la nation propriétaire à juger de l'innocence de l'usage qu'on veut faire de ce qui lui appartient, ce droit d'usage innocent est dans tous les cas un droit imparfait. Il ne peut y avoir aucune utilité propre, quelque grande qu'elle soit, qui suffise pour s'opposer à l'exercice du droit de propriété d'autrui, & ceux-là se trompent qui voudroient convertir en devoir parfait de justice, la concession

____

[1] Livre II, §. 128, 29, 3c.

de telle chose qui semble ne causer aucun préjudice. Toutes les fois qu'il s'agit de léser le droit de propriété en la requérant, la justice ne peut imposer aucun devoir de l'accorder; l'équité seule pourroit le conseiller; mais dans les actes d'équité ou de bénéficence il y a des gradations infinies, & celui à qui on demande une chose est le seul qui ait droit de résoudre ce qu'il a à faire. On peut appliquer ici ce que l'abbé Galliani a dit plus haut au sujet du prétendu droit de nécessité dont il nie l'existence; à plus forte raison l'usage innocent n'est le sujet d'aucun droit parfait. C'est un devoir de bénéficence d'accorder dans tel cas l'usage innocent d'une chose dont on est propriétaire, lorsqu'elle peut servir utilement à un autre; mais celui-ci n'a nul droit proprement dit à en user dans aucun cas possible: quand la nécessité l'y force, le propriétaire conserve toûjours le droit de résistance, auquel rien ne l'oblige à renoncer.

X.

Si l'on convient comme Mr de V. [1] que toutes les nations sont obligées de maintenir la foi des traités, de la faire envisager par-tout comme inviolable & sacrée, & qu'elles soient en droit de se réunir pour réprimer celui qui témoigne la mépriser, qui la viole & qui la foule aux pieds, on ne sauroit reconnoître d'une manière plus expresse cette Société générale des nations dont les traités publics sont les loix; & cet Auteur qui n'a pas voulu d'abord l'admettre hypothétiquement comme la base du droit des gens, est forcé d'y revenir & de soutenir même, comme il fait ici, que le main

---

[1] Livre II, §. 222.

tien de la foi des traités en général donne un droit parfait aux nations mêmes qui n'ont aucune part aux engagemens contractés avec un Souverain qui les viole d'une manière *manifeste*, & qu'ainsi toutes les nations ont un droit de contrainte contre lui pour l'obliger à ne plus troubler l'ordre public, & à réparer la violation qu'il en a faite. L'application de ce principe étant difficile, puisque la lésion peut paroître manifeste aux uns & non aux autres, il faut recourir à celui de Mr Sulzer „ *que chaque Souverain est en droit d'exiger de tous les autres les choses auxquelles on ne peut renoncer sans pécher contre un devoir naturel, et qu'il est du devoir des autres de les lui accorder.* „ Le Souverain contraint par un autre de renoncer à s'acquiter d'une obligation du droit naturel, souffre une lésion manifeste; &

si par exemple un Souverain obligeoit
une nation qui ne peut vivre que par
le commerce maritime, & qui périroit
sans cette ressource, à renoncer à un
tel commerce, il violeroit *manifeste-*
ment le droit des gens ; c'est le cas où
toutes les nations auroient un droit parfait de se réunir contre lui pour soutenir l'opprimé. Sans ce principe, celui de M.' de V. seroit absolument in-
applicable, & on lui demanderoit toûjours : à quel signe reconnoîtra-t-on
que la lésion soit manifeste, & que
le prétexte allégué par le Souverain
violateur soit frivole ? Sera-ce au consentement unanime des autres Souverains ? mais dans ce cas il faudroit poser en principe une chose de fait, &
admettre la justice parfaite d'une li-
gue de tous les Souverains contre un
seul, même pour un motif douteux,
& peut-être mal fondé. D'ailleurs en
admettant l'indépendance absolue des

nations, on ne peut plus résoudre ainsi la difficulté proposée ; car le consentement unanime des autres à exiger une chose qui blesse l'indépendance d'une nation, lors même qu'il reposeroit sur la base d'une justice parfaite, ne donneroit aucun droit d'attenter à cette indépendance. Il faut donc en revenir au principe de la Société générale des nations, fondée sur l'exacte observation de ce que chacune d'elles se doit rigoureusement à soi-même, & ce qu'elle doit rigoureusement aux autres. Si l'une d'elles attente à la stricte observance de ces devoirs parfaits, qu'elle prive une autre, des moyens nécessaires pour se conserver & se perfectionner, elle arme contr'elle toutes les autres ; & si même parmi les membres de cette Société générale il s'en trouvoit qui par des motifs d'intérêt particulier voulussent favoriser l'injustice manifeste d'autrui, ce qui alors empêcheroit le consentement commun d'être *una-nime*, le droit parfait n'en existe pas moins à l'égard de toutes les nations qui voudront s'unir en faveur de l'opprimé, & qui se ligueront pour le maintien du droit des gens. Il résulte de là, que si une nation étoit parvenue par le délire des chefs d'un parti prédominant à inspirer une défiance manifestement fondée à toute l'Europe, & que chaque Souverain fût ouvertement menacé de voir ses sujets se révolter contre lui par les manœuvres des émissaires de cette nation : si elle se permettoit même de consacrer par ses délibérations des principes de conduite à l'egard des autres qui lésassent leur sûreté commune en autorisant l'insurrection des pays voisins, & leur coalition avec elle ; les autres seroient fondées à se réunir contre celle qui violeroit aussi manifestement les loix générales sur lesquelles repose leur Société.

XI.

Puisque ce n'est point le lieu où
une chose se trouve qui décide de la
nature de cette chose là, mais la qualité de la personne à qui elle appartient; les choses appartenantes à des
personnes neutres en pays ennemi, ou
sur des vaisseaux ennemis, doivent ê-
tre distinguées de celles qui appartiennent à l'ennemi [1]. Cette règle relative aux biens mobiliaires, seroit-elle
différente pour les immeubles? ne ces-
seroient-ils pas d'être biens de l'ennemi quoique possédés par un étranger
neutre? & celui-ci n'auroit-il, selon
Mr de V. [2] d'autre recours qu'à la
modération & aux égards usités de nos
jours entre les belligérans qui donnent
des sauve-gardes aux maisons & aux

(1) Livre III, §. 75 & 76.
(2) Ibid.

terres des étrangers en pays ennemi?
L'abbé Galliani trouve cette distinction
frivole, & conduisant à une conséquence que l'auteur cité ne sauroit avouer;
car si ce n'est selon celui-ci que la qualité de la personne à qui la chose appartient qui décide de la manière dont
cette chose doit être considérée par
l'ennemi, on pourroit en conclurre qu'il
seroit défendu de dépouiller un fond
appartenant à un neutre en pays ennemi de toutes les choses mobiliaires
qui s'y trouveroient, tandis que le fond
lui-même comme immeuble pourroit ê-
tre considéré comme appartenant à l'ennemi, étant sous son domaine, & traité comme tel. D'ailleurs en revenant
toûjours aux principes de modération
& de prudence, on nuit plus que l'on
ne le croit à la cause de l'humanité
que l'on veut défendre. Vouloir corri-
ger & adoucir toûjours par les conseils
de la prudence & de la modération la

rigueur des principes du droit, c'est présenter ceux-ci sous l'aspect le moins favorable, c'est donner aux maximes de la justice naturelle les couleurs les plus sombres; tandis qu'en indiquant ces maximes telles qu'elles sont, & en se bornant d'abord au droit sans y mêler la morale & la politique, on ne prouveroit que mieux ensuite la concordance & l'harmonie de leurs principes respectifs. Ceux que l'abbé Galliani établit sur ce point de droit des gens ont été consacrés par le traité d'amitié & de commerce entre le Roi de Prusse Fréderic II & les Etats Unis de l'Amérique signé à la Haye le 10 Septembre 1785 [1]. Et cette sti-

____

(1) Article 23 de ce traité. Les femmes, les enfans, les gens de lettres de toutes les facultés, les cultivateurs, artisans, manufacturiers, & pécheurs qui ne sont point armés, & qui habitent des villes, villages, ou places qui ne sont point fortifiées, & en général tous ceux dont la

pulation est la première qui ait donné la sanction du droit conventionnel
aux vrais principes du droit naturel
que la plûpart des auteurs avoient ob-
scurcis.

---

vocation tend à la subsistance & à l'avantage du
genre humain, auront la liberté de continuer
leurs professions respectives, & ne seront point
molestés en leurs personnes, ni leurs maisons
& leurs biens incendiés, ou autrement détruits,
ni leurs champs ravagés par les armées de l'ennemi au pouvoir duquel ils pourroient tomber
par les événemens de la guerre. Mais si l'on se
trouve dans la nécessité de prendre quelquecho-
se de leurs propriétés pour l'usage de l'armée
ennemie, la valeur en sera payée à un prix raisonnable. Tous les vaisseaux marchands & commerçans employés à l'échange des productions
de différens endroits, & par conséquent destinés
à faciliter & à répandre les nécessités & les com-
modités de la vie, passeront librement & sans
être molestés ; & les deux puissances contractan-
tes s'engagent à n'accorder aucune commission à
des vaisseaux armés en course qui les autorisât
à prendre ou à détruire ces sortes de vaisseaux
marchands, & à interrompre le commerce.

XII.

Les principes dont l'auteur Italien se sert pour résoudre les questions relatives aux droits & aux devoirs de la neutralité, le conduisent à une conclusion toute opposée à celle de l'auteur Suisse sur les conséquences du Pacte de Secours. Dès qu'un tel pacte est stipulé en termes généraux il comprend tous les cas particuliers, & lors même qu'il auroit été conclu long-tems avant le cas de prêter le secours, celà ne change pas la question comme ce dernier paroit le croire. Dès qu'on est attaqué par un auxiliaire, on n'examine pas si c'est en vertu d'un ancien ou d'un nouveau pacte avec l'ennemi, ni si ce pacte est conçu ou non en termes généraux. La condition qu'il ajoute, que *les secours donnés à l'ennemi doivent être modérés*, est étrangère à la question; car le plus ou le moins ne change pas l'espèce , & l'injure pour être moins grave n'en sera pas moins une offense. Enfin il fait entendre que la prudence souvent conseille de dissimuler les injures pour ne pas accroître le nombre de ses ennemis. Ce conseil est déplacé dans un ouvrage de droit des gens; où si l'auteur avoit voulu y faire entrer les principes de la morale & de la politique, il devoit, comme l'abbé de Mably, les distinguer soigneusement & avec clarté de ceux du droit, pour prouver ensuite leur concordance & l'appui mutuel qu'ils se prêtent. Pour soutenir son opinion il s'est fondé sur l'exemple des Souverains de l'Europe, & il a confondu les troupes subsidiaires & les auxiliaires. Les premières même ne peuvent être fournies en vertu d'un pacte, sans que celui qui les fournit s'expose à n'être plus considéré pour neutre; & si celui qui les a fournies a pu quelque-fois conserver la neutralité, c'est que celui contre qui ces troupes combattoient aura jugé à propos de dissimuler l'injure. C'est donc à tort que Mr de V. croit avoir mis au jour une opinion plus humaine & plus pacifique. Au contraire, autant elle est peu fondée en droit, autant serviroit elle à soutenir l'impunité de la simulation, comme à rendre feinte la neutralité, & éternel le souvenir des hostilités exercées sous son voile. Ce qui l'a conduit à cette opinion, c'est l'exemple des Suisses, & plusieurs endroits de son ouvrage prouvent combien certains faits relatifs au droit public de la Suisse, & qui auroient mérité une analyse plus approfondie de sa part, ont eu d'influence sur ses décisions. Les Cantons Suisses & quelques Princes d'Allemagne ne font pas des traités de subside avec les Souverains auxquels leurs Etats fournissent des troupes. Le Souverain à la vérité

prend connoissance de la capitulation
des Régimens levés dans son Etat pour
un service étranger, mais seulement
pour en garantir les conditions & protéger les intérêts des siens. Ce n'est
point lui qui fait les levées, il n'im-
pose point de conditions, il n'ordonne
point à ses sujets de marcher, & ceux
qui entrent dans les corps dont les ca-
pitulations sont faites avec des puissances étrangères, y passent volontairement, sans que le Souverain leur im-
pose nulle obligation d'y prendre service. Les troupes Suisses & Alleman-
des levées de cette manière peuvent
être rappellées pour la défense de leur
patrie, si la capitulation le réserve;
elles peuvent être distinguées des na-
tionales en ne servant que dans cer-
taines limites, telles que les Etats de
terre-ferme de la puissance qui les
prend à son service; mais dès que ces
corps sont formés & entrés au service

du Souverain étranger, ils sont considérés comme ses propres troupes. C'est
de cette manière que les Suisses font
une exception à la règle générale qui
fait considérer les pactes subsidiaires
comme une atteinte à la neutralité; &
ils ont toûjours conservé la leur dans
toutes les guerres entre les Souverains
de l'Europe. Tel est l'usage établi, &
nul Souverain ne sauroit suspecter la
neutralité des Cantons qui fournissent
de cette manière des troupes à son ennemi. Si les autres nations vouloient i-
miter les Suisses, & fournir ainsi des
troupes à un belligérant sans y être
autorisées par un usage immémorial,
& le consentement tacite de toute l'Europe, qui a reconnu & consenti la neutralité des Suisses après de tels actes,
c'est une question de savoir si elles
pourroient le faire sans blesser la neutralité, puisque celle-ci est un état de
permanence.

XIII.

Si le droit de nécessité autorise dans l'occasion à se saisir de ce qui appartient à autrui, ne pourra-t-il pas autoriser à arrêter toutes les choses appartenantes à la guerre que des peuples neutres conduisent à l'ennemi? Répondre *qu'il est très-à-propos et très-convenable en droit des gens de ne point mettre au rang des hostilités ces sortes de saisies faites sur des nations neutres* [1], c'est décider par des maximes de prudence & de convenance une question de droit, comme si les droits de la neutralité dépendoient de la génerosité des belligérans, au lieu d'être fondés sur les bases invariables de la justice rigoureuse. D'autres auteurs les fondent ou sur des conventions entre Souverains, comme si les trai-

______

[1] V. L. III, §. 110 111.

tés servoient de base au droit des gens, &
non celui-ci aux traités; ou sur des principes de circonspection qui seroient dé-
pendre les droits de la neutralité du degré de puissance des neutres. C'est au
milieu de cet amas de contradictions &
de cette confusion d'idées, qu'on a en-
tendu parler pour la première fois de
neutralité armée ; ,, termes qui rappro-
chant les idées contraires de paix et
d'armes, d'amitié envers les belligérans
et de défiance à leur égard , feront la
gloire éternelle des Souverains qui les
ont consacrés, et qui ont revendiqué
les droits de la raison humaine. ,, [1]

XIV.

L'ambiguité & les contradictions sur
cette matière tirent leur origine de ce
qu'on n'a pas su déterminer exactement les limites de ce qui peut être

[1] Galliani page 295.

fait justement dans l'état de guerre contre l'ennemi. ,, *Il est juste* [1] *d'ôter à l'ennemi tous les moyens de résister, mais il ne l'est pas de lui ôter les moyens d'exister; Si ce n'est lorsque la menace de la privation de l'existance est absolument nécessaire pour faire cesser la résistance* ,,. Ainsi personne ne peut être tenu pour ennemi, si ce n'est qu'il offense ou qu'il résiste, ou qu'ayant offensé il ne se déclare pas prêt à donner la réparation de l'offense. Les loix des hostilités ne sont pas infinies ni indéterminées, & laissées à l'arbitre de l'agresseur, même s'il fait une guerre juste; mais elles sont restreintes *dans un problème* qui détermine quels sont les moyens d'obtenir le but de la guerre avec le plus d'efficace & le moins d'inhumanité; l'Auteur qui applique ainsi

____

(1) Galliani page 292.

au droit des gens la méthode géome-
trique, déduit de ce principe les droits
de la neutralité en fait de commerce.
L'interruption du commerce de l'ennemi avec les neutres n'étant pas un
moyen cruel & sanguinaire, pourroit
être préféré à d'autres s'il étoit plus
efficace pour opérer la soumission de
l'ennemi. Mais ce moyen quelque doux
qu'il puisse paroître, est inefficace par
la difficulté & la lenteur des opéra-
tions qu'exige une telle interruption
de commerce dont l'ennemi pût se res-
sentir assez pour être réduit à se soumettre. Un tel moyen pourroit être
admis s'il s'agissoit de petites Souverai-
nétés, à qui en interrompant leur commerce on ôte tout moyen de se défendre; en général il est plus nuisible aux
innocens qu'aux coupables; car le dommage tombe sur la classe non guerrié-
re, non seulement de la nation ennemie, mais aussi de la neutre, puisque

ce sont les négocians, les manufacturiers & les cultivateurs de l'un & de l'autre qui souffrent seuls de l'interruption du commerce entr'elles. D'où l'on peut conclurre que l'interruption totale du commerce de l'ennemi étant un moyen foible, indirect & lent, difficile à exécuter en entier, & par cela même peu propre à faire céder & à soumettre l'ennemi, il ne doit point être compté parmi les moyens licites de lui faire la guerre, d'autant plus qu'il cause plus de dommage aux sujets paisibles qu'à ceux qui sont armés; & on ne peut excepter de cette règle que certains cas où l'interruption du commerce est nécessaire au but de la guerre, comme celui des forteresses bloquées.

X V.

Lorsqu'un belligérant n'aura pas le droit d'empêcher un neutre de continuer avec l'ennemi une branche de

commerce, les obstacles qu'il y mett·a
n'en seront pas plus justifiables pour
avoir été annoncés d'avance, quoique
M.ʳ de V. paroisse le croire [1]. Si une
nation neutre étoit en possession pendant la paix de faire un libre commerce de munitions de guerre, que ce fût
sa principale ressource, & qu'elle tirât
son unique subsistance d'un tel genre
de commerce; quoique ce soit le seul
qui puisse être légalement interdit au
neutre en tems de guerre, & que le
belligérant ait le droit de lui demander de s'en abstenir; cependant dans
le cas dont on parle, si le neutre prouve que ce commerce est sa seule ressource, il n'est nullement obligé de
consentir à la demande du belligérant,
& celui-ci doit se contenter de l'impar-
tialité du neutre dans la vente des
munitions de guerre aux deux parties.

(1) Livre III, §. 111.

XVI.

Comment déterminer avec préci-
sion dans les cas particuliers jusques où il
étoit nécessaire de porter les hostilités
pour parvenir à une heureuse fin de la
guerre? & quand on pourroit le déterminer exactement, les nations n'ayant
point de juge commun, il faut s'en tenir à des règles générales, indépendantes des circonstances, d'une application sûre & aisée: or ces règles ne
peuvent être telles, si on n'y considère pas les choses dans un sens absolu
en elles-mêmes & dans leur nature [1].
C'est sur un tel principe que M.' de V.
au lieu de décider que puisque les nations n'ont point de juge, chacune peut
user des moyens qu'elle croit préféra-
bles pour faire la guerre, sans en rendre compte à personne, soutient au

____

[1] Livre III, §. 173.

9

contraire, que *le droit des gens volon-*
taire admet des règles générales, indépendantes des circonstances; qu'il
condamne tels moyens de guerre & qu'il
tolère tels autres, si ce n'est dans le
cas d'une exception évidente. Mais s'il
est des moyens de guerre prescrits par
le droit des gens volontaire, les nations qui les employent sont donc re-
sponsables du choix qu'elles en font; &
leur indépendance illimitée par le droit
naturel, comme celle des individus dans
l'état de nature, se trouve ainsi limi-
tée par le droit des gens volontaire,
de même que les individus en société
sont soumis aux prescriptions du droit
civil. C'est donc le droit des gens volontaire qui pour le plus grand avantage de la société des nations, met des
bornes à leur indépendance, qui n'est
point absolue. Elles n'ont point de juge supérieur, il est vrai; mais chacune
d'elles est comptable à la société gé-

nérale des lésions évidentes du droit des gens qu'elle s'est permises. On a vû ce qu'il faut pour déterminer cette évidence en appliquant aux nations ce que M.ʳ Sulzer établit à l'égard des individus.

XVII.

Quoique selon M.ʳ de V. le droit de punir dérive du droit de sûreté, & qu'une punition infligée par un autre motif que celui de mettre son ennemi hors d'état de nuire, s'écarte de ce principe; néanmoins il admet qu'une punition rigoureuse & exemplaire peut avoir lieu sans autre motif que celui de venger la lésion énorme du droit des gens comme loi des nations. Il reconnoit par là que ce droit arme justement leur bras pour sa défense, & qu'ainsi il a un autre fondement que leur indépendance absolue, qui devroit s'opposer à tout châtiment, puisqu'une punition

exemplaire n'est infligée que pour sa-
tisfaire, non l'offensé seulement, mais
la majesté de la loi & le corps entier de la société qui l'a sanctionée,
qui pour l'avantage commun exige une
satisfaction de la part de celui qui
viole ouvertement cette loi. Le droit
des gens réunit donc toutes les nations contre les infracteurs, indépen-
damment de la satisfaction particulière,
& de la réparation exigée par l'offensé. C'est ainsi que M.ᵉ de V., après a-
voir voulu exclurre d'abord de son sy-
stême le principe fondamental établi
par le Baron de Wolff, & lui en sub-
stituer un autre, est forcé de revenir
au premier par l'enchaînement de ses
propositions sur le droit des genſ volontaire, & lorsqu'il veut réfuter Grotius qui fonde les règles de ce droit
sur un consentement de fait de la part
des peuples, ce qui supposeroit un engagement relatif au droit convention-

nel, lequel s'établiroit par l'histoire &
non par le raisonnement; il convient
que sans aller chercher les preuves du
consentement des nations à ces règles
dans les annales du monde, on doit le
présumer comme fondé sur la loi naturelle qui les sanctionne; il ajoute *que
le droit volontaire découle de la mé-
me source, et est fondé sur les mêmes principes que le droit nécessaire;
mais qu'il suppose un principe de
plus, savoir, la nature de la grande
Société des nations et du commerce
qu'elles ont entr'elles.* On cherche-
roit cependant en vain à appliquer aux
cas particuliers les conséquences de ce
principe, si celui que M.' Sulzer a développé d'une manière aussi exacte que
lumineuse, ne dirigeoit cette application.

XVIII.

Il en est de même d'une question
vivement agitée autre-fois, & qui a paru embarassante tant que l'on a eu des
nations peu justes & peu distinctes *du
mensonge*. M.' de V. dit [1] que plusieurs, & sur-tout des théologiens se sont
représentés la vérité comme une espèce de divinité à laquelle on doit je
ne sais quel respect inviolable pour elle même, & *indépendant de ses effets; mais que des philosophes plus*
exacts & plus profonds ont débrouillé
cette idée si confuse & si fausse dans
ses conséquences; *et qu'en fondant le
respect qui est dû à la vérité sur ses
effets, on est entré dans la vraie
route.* Cette route n'est pas aussi sûre que cet auteur paroit le croire, &
les philosophes qui l'ont tracée, sont

---

[1] Livre III, §. 177.

moins exacts, & peut-être moins profonds qu'il ne le suppose; car il n'est
rien de plus équivoque que de fonder
le respect dû à la vérité sur les effets
de celle-ci, comme s'ils étoient toûjours
assez évidens pour que l'obligation qui
devroit en résulter ne fût jamais méconnue. Comment ne pas reconnoître
que le culte de cette divinité seroit
bien-tôt abandonné s'il cessoit d'etre
pur comme elle, & s'il falloit n'en
mesurer les devoirs que sur les avantages que l'on en attend ? Si ce principe de droit étoit admis il faudroit en
modifier les conséquences par des pré-
ceptes de morale: mais l'on se propose de considérer ici séparement ce que
le droit des gens prescrit, sans mêler
dans cette question les conseils de l'humanité & les devoirs de la conscience.
La vérité est l'ame de la société humaine, & le fondement de la confian-
ce dans le commerce mutuel des hom-

mes & des nations; elle mérite déjà à
ce seul titre le sacrifice de tous les intérêts particuliers. Mais pour juger des
cas où le bien même de cette grande
Société exigeroit que la vérité fût cou-
verte d'un voile, il ne suffit pas de
s'en rapporter à la partie intéressée:
c'est alors qu'il faut avoir recours au
principe de l'évidence déjà appliqué
à d'autres cas. Ce n'est point assez de
n'appeller *mensonge* que les discours
qu'un homme tient contre sa pensée
dans les occasions où il est obligé de
dire la vérité, & de réserver le nom
latin de *falsiloquium* aux discours faux
que l'on tient à ceux qui dans le cas
particulier n'ont aucun droit d'exiger
qu'on leur dise la vérité. Selon ces dé-
finitions des Casuistes l'on pourroit être
faux dans ses discours, sans que ceux-
ci passassent pour mensonges, toutes
les fois qu'on ne se croiroit pas rigoureusement obligé d'être vrai. Mais l'o-

bligation de l'être, si l'on vouloit comme M.ʳ de V. n'en juger que par ses
effets, seroit aisément méconnue & é-
ludée. Il sembleroit au contraire, que
l'intérêt de la société des nations sur
lequel les règles du droit des gens sont
fondées, exigeroit ce respect pour la
vérité, même dans les cas où l'obligation de la dire ne seroit pas stricte,
puisque la réputation de véracité est
nécessaire au succès des affaires les plus
importantes au bien de cette Société,
& que la sincerité en facilite le ma-
niement [1]. Les cas des conventions &
des traités sont du nombre de ceux où
l'engagement tacite de payer vrai est

---

[1] Le Chevalier Temple soutenoit que la
seule ruse toûjours bonne étoit celle d'être vrai ;
& lorsqu'un Ambassadeur d'Espagne se plaignant
de la fausseté du Cardinal Mazarin avertissoit
son successeur de le payer en même monnoye :
„ Au contraire „ répondit ce dernier „ j'attrape-
„ rai bien le Cardinal, car je lui dirai toûjours la
„ vérité.

de toute nécessité. Mais quoique lorsqu'il s'agit de deux conventions séparées, on puisse suspendre l'effet d'une promesse faite à l'ennemi pour l'obliger à réparer son manque de foi, le cas cité dans le traité de droit des gens de l'arrêt du Maréchal de Boufflers après la capitulation de Namur en 1695, seroit bien loin de le prouver. On ne pouvoit retenir prisonnier le Maréchal sans avouer que la convention qu'on venoit de conclurre pour Namur n'avoit point eu la vérité pour base, puisque les alliés avoient résolu d'avance de l'enfreindre pour réparer les infractions faites à des conventions précédentes.

XIX.

Si un allié se borne à fournir les secours stipulés par les traités, peut-il conserver la paix entre ses États & ceux de la Puissance contre qui il four-

nit des troupes auxiliaires? Ces troupes
seules sont-elles participantes à la guerre, & les Etats respectifs gardent-ils la
neutralité? Dans ce cas le droit de *post-
liminii* n'auroit point lieu entr'eux. On
a observé ci-devant que M.' de V. a
confondu les troupes auxiliaires & les
subsidiaires, & que les premières ne
peuvent être fournies en vertu d'un
pacte avec l'ennemi, sans que celui qui
les fournit s'expose à n'être plus considéré comme neutre; s'il réussit à conserver sa neutralité malgré de tels secours donnés à un belligérant, c'est
que l'adversaire peut juger convena-
ble à ses intérêts de dissimuler l'injure: mais une neutralité conservée
de la sorte est trop précaire pour fonder un droit, & l'Etat qui en jouiroit
ainsi ne seroit nullement autorisé à
en réclamer les effets; de sorte que
le droit de *post-liminii* s'exerceroit
chez lui dans toute son étendue, quoi-

qu'en général il n'ait pas lieu chez les neutres.

X X.

L'effet général de la trève est de faire cesser absolument toute hostilité; mais pour éviter toute dispute pourroit-on admettre pour règle générale que chacun pendant la trève peut faire chez soi dans les lieux dont il est le maître, tout ce qu'il seroit en droit de faire en pleine paix? Cette règle admise par M.ʳ de V.[1] ne sauroit avoir lieu dans plusieurs cas. Il convient à l'essence d'une convention de ce genre de ne pas donner à l'ennemi un juste sujet de craindre que les hostilités ne recommencent; & pour cet effet on doit s'abstenir de faire avancer de nouvelles troupes vers les frontières pour les ajouter durant l'armi-

____

(1) §. 245.

stice à celles qui s'y trouvent, quoiqu'on soit en droit de le faire en pleine paix [1].

XXI.

En cas de doute l'interprétation des traités se fait-elle contre celui qui a donné la loi dans le traité? L'auteur dont on analise ici les décisions sur les points controversés du droit des gens

---

[1] Pour qu'un Général pût ainsi disposer à son gré des mouvemens de ses troupes pendant la trève sans en faire craindre les infractions, il faudroit qu'il commandât en même tems les deux armées ennemies. Ce cas ne paroit pas possible, cependant l'histoire en fournit un exemple. Le Duc Victor Amédée II étant convenu secrétement avec Louis XIV des conditions d'une paix particulière en 1696, on publia d'abord une trève pendant laquelle les alliés du Duc se détermineroient sur l'acceptation de la neutralité de l'Italie offerte par le Roi de France; & si à l'expiration de l'armistice ils n'y avoient pas donné les mains, Victor Amédée devoit joindre alors son armée à celle que le Maréchal de Catinat commandoit pour les y contraindre. Louis XIV en nomma le Duc Généralissime, quoique ce

décide affirmativement celui-ci [1]; mais il a prévenu lui-même contre l'application qu'on voudroit faire de cette règle, quand il a dit plus haut que le traité de paix n'est qu'une transaction, & que si on vouloit y observer les loix d'une justice exacte & rigoureuse, en sorte que chacun reçût paisiblement ce qui lui appartient, la paix deviendroit impossible [2], d'où il suit que le traité de paix anéantit les prétentions

Prince conservât encore le commandement suprême de l'armée des alliés pendant la trève; c'est alors qu'on le vit donner en même tems l'ordre à ceux-ci & aux François, & lorsque les premiers étoient campés entre Chivas & Turin, tandis que les autres avoient établi leur camp au revers de cette dernière place, le Prince Eugène envoyoit chaque jour prendre l'ordre & le mot de Victor Amédée; le Maréchal de Catinat en faisoit autant, & souvent les Aides-de-camp de ces deux Généraux ennemis se sont rencontrés, prenant ensemble les ordres d'un même chef.

(1) Livre IV, §. 32.
(2) Ibid. §. 18.

réciproques, & qu'en vertu du droit des gens volontaire, les conditions stipulées entre les deux contractans sont réputées également justes de part & d'autre; de sorte que quand il s'agira de les interpréter, aucun ne pourra être censé avoir donné la loi en le concluant. Une parfaite égalité de droit doit résulter de cette convention dès qu'il s'agit d'en interpréter les articles, ce qui n'auroit plus lieu si cette première règle étoit admise.

XXII.

L'usage commun des nations ne se prête guères mieux à la seconde règle exposée dans ce livre, selon laquelle le nom des pays cédés par les traités doit s'entendre suivant l'usage reçu alors par des personnes habiles & intelligentes; *car on ne présume pas que des ignorans et des sots soient chargés d'une chose aussi importante que l'est un traité de paix*, & ses dispositions doivent s'entendre de ce que les contractans ont eu vraisemblablement dans l'esprit, puisque c'est sur ce qu'ils ont dans l'esprit qu'ils contractent [1]. Ce n'est point comme l'auteur paroit le supposer, aux personnes habiles & intelligentes que l'on s'en rapporte uniquement quand il s'agit de déterminer les limites d'un pays cédé. On consulte souvent les habitans des confins pour savoir ce que l'usage & la tradition immémoriale ont établi à l'égard des limites au défaut de transactions publiques; & leur rapport est plus décisif alors que celui des personnes les plus versées dans le droit public. D'ailleurs celles-ci lorsqu'il s'agit de discuter les droits des états limitrophes dans une contrée lointaine, ont souvent des idées très-opposées, & quand alors il faut

____

(1) Livre IV, §. 33.

fixer l'état *présent* des choses, le témoignage des habitans peut suffire pour constater les limites *telles qu'elles sont*. Mais quand des Plénipotentiaires, comme au Congrès d'Aix-la-Chapelle, y ajoutent de plus la clause, *ou telles qu'elles devroient être,* c'est alors que la règle dont il s'agit souffre le plus de difficultés dans son application; car si l'on avoit voulu s'en rapporter pour l'interprétation de cette clause au sens que les Plénipotentiaires Anglois avoient dans l'esprit en la rédigeant, les limites de l'Acadie devoient s'étendre jusqu'au fleuve de St. Laurent, & de ce fleuve au Nord jusques à l'océan; tandis que les François entendoient que les limites de cette peninsule devoient commencer à l'extrémité de la baie Françoise, depuis le Cap Sainte Marie en s'étendant le long des côtes jusques au Cap Canseau. La différence dans l'interprétation de cet article étoit si

considérable qu'elle influoit sur la balance politique de l'Amérique Septentrio-
nale, comme sur le commerce des deux
nations dans cette partie du monde; aussi ce différent occasionna une nouvelle
guerre entr'elles, & il paroit que les personnes qui avoient rédigé cette partie du
traité d'Aix-la-Chapelle, ne furent pas
aussi habiles & intelligentes que la règle
suppose qu'elles devoient l'être.

XXIII.

Le traité de paix ne se rapportant
naturellement de lui-même qu'à la guerre
à laquelle il met fin, ses clauses vagues
ne doivent-elles s'entendre comme le dit
M.ʳ de V. que dans cette rélation? alors
la simple stipulation du rétablissement
des choses dans leur état ne se rapporte-
roit point à des changemens qui n'ont
pas été opérés par la guerre même [1].

---

[1] Livre IV, §. 34.

Mais cette troisième règle est aussi peu fondée que les précédentes sur l'usage commun. Car tout changement externe arrivé dans la situation d'un état belligérant influe indirectement sur les succès de la guerre par l'accroissement ou la diminution que ce changement apporte à la puissance relative de celui qui l'éprouve. La clause générale du rétablissement des choses dans leur état, se rapporte à tous les changemens qui sont arrivés pendant la guerre, quelqu'étrangers qu'ils puissent être à sa cause, puisqu'ils ne le sont jamais à son but qui est de diminuer les moyens que l'adversaire a de la prolonger, & de le contraindre plutôt à faire la paix. De sorte que si un peuple abandonné par son Souverain & devenu libre, s'étoit donné & soumis volontairement dans le cours de la guerre à l'ennemi de son ancien possesseur, sans y être contraint par la force des

armes, il dépend de l'adversaire de s'opposer à cette soumission faite pendant
la guerre, & il faut que le traité de
paix y pourvoye en stipulant qu'elle sera reconnue par la puissance qui
en avoit contesté jusqu'alors la légi-
timité.

XXIV.

L'alliance avec un belligérant rompt
le traité qui subsistoit avec l'autre, &
il est inutile de distinguer comme M.ᵉ
de V. une guerre nouvelle d'avec la
rupture d'un traité de paix, en soute-
nant *qu'épouser la querelle d'un belligérant c'est tout au plus commencer une nouvelle guerre pour la cause d'autrui* [1]. On ne conçoit pas
comment les droits acquis par un traité subsisteroient dans ce cas, tandis
qu'ils seroient éteints par la rupture

[1] Livre IV, §. 41.

d'un traité de paix. Si on veut en conserver les dispositions, il faut dans l'un & l'autre cas le rappeller d'une manière expresse dans celui qui met fin à la guerre, sans distinguer si celle-ci étoit nouvelle, ou si la précédente avoit recommencé. La distinction dont il s'agit dans cet article ne peut être d'usage qu'à l'égard des autres nations qui seroient garantes du traité, & invitées par leurs propres intérêts à en maintenir l'observation.

XXV.

Le droit d'envoyer ou de recevoir des Ministres publics peut-il se trouver chez des Princes ou des Communautés qui ne sont pas Souverains? Non seulement M.ᵉ de V. le leur accorde (¹), mais aussi à des villes sujettes qui jouissent du droit de bannière, auxquelles

____

(1) Livre IV, §. 4), 50.

il attribue celui d'accorder des secours
de troupes, pourvu que ce ne soit pas
contre le service du Prince; d'écouter
la demande que leur en fait une puissance étrangère; de traiter des conditions, & par conséquent de lui dépu-
ter quelqu'un dans cette vue, ou de
recevoir ses Ministres; & comme elles
ont en même tems *le droit de police*,
il suppose qu'elles sont en état de faire respecter les Ministres étrangers qui
viennent auprès d'elles. Le droit d'Ambassade n'appartient qu'aux Souverains,
parce que le caractère public nécessaire pour constituer un Ministre, & le
faire jouir de l'immunité requise pour
l'exercice de ses fonctions ne sauroit ê-
tre confié & admis que par des Souverains, qui puissent faire respecter cette immunité. Elle est tellement essentielle au caractère d'un Ministre public, que sans elle il ne sauroit exercer
les fonctions de son ministère; & pour

reconnoître les vrais attributs d'une telle immunité, il faut, comme l'observe M.ᵉ de Réal, avoir recours *à une fiction de droit*, selon laquelle le Ministre public est censé avec toute sa maison n'avoir pas changé de domicile, & être encore *hors du territoire du Souverain auprès duquel il est envoyé* [1]. Cette fiction du droit des gens, laquelle comme toutes les autres n'est qu'une supposition que la loi fait passer pour la vérité même, forme une exception à l'usage reçu par-tout, de regarder comme soumis aux loix d'un Etat, les étrangers qui se trouvent dans les terres de sa domination, & devient un principe du droit des gens, sur lequel se fondent tous les privilèges des Ministres publics. De-là vient que le Ministre est affranchi des loix du pays où il réside; qu'il

____

[1] Réal Tome V, page 144.

jouît du droit d'un asile inviolable;
qu'il peut faire dans son hôtel tous les
exercices de sa Réligion, même dans
les lieux où cet exercice est sévére-
ment défendu par les loix de l'Etat;
qu'il peut y admettre les sujets du pays
qui professent la même réligion que
lui; qu'il est dispensé de déposer en
justice comme témoin; que les enfans
qui lui naissent dans son hôtel sont
censés nés dans leur patrie; (ce qui
s'étend aux enfans des sujets de son
maître nés dans son hôtel;) qu'il n'est
pas sujet aux droits de représailles ni
d'aubaine, & qu'enfin en revenant dans
son pays à la fin de son Ambassade,
il est censé n'en être pas sorti. Si pour
le plus grand bien de la Société civile, les législateurs de l'ancienne Rome
ont admis des fictions de droit, on peut
dire que celle-ci a été admise par le
consentement présumé & unanime des
nations pour le plus grand bien de leur

Société générale. On ne sauroit la déduire de *leur indépendance absolue;*
car s'il est établi que les étrangers do-
miciliés sont par-tout regardés comme
sujets du Souverain dans les terres duquel ils résident, les Ministres publics
en vertu de *l'indépendance absolue
des nations* devroient aussi être traités
comme sujets, & le Souverain qui les
traiteroit ainsi n'auroit aucun compte
à en rendre. Les villes sujettes qui jouïssent du droit de bannière peuvent a-
voir des traités d'alliances particulières, & ce qu'on appelle en Suisse des
traités de Combourgeoisie, en vertu des-
quels elles sont tenues de fournir des
secours, pourvu que ce ne soit pas
contre le service de son Prince. Elles
jouïssent par conséquent du droit d'envoyer & de recevoir des députés pour
négocier leurs affaires, & stipuler la
prestation de tels secours &c. Mais celà ne sauroit avoir lieu que sous cer-

taines limites restrictives. De ce qu'une ville municipale a le droit de s'allier par des traités de Combourgeoisie avec d'autres villes voisines pour le maintien de leurs franchises & de leurs avantages communs, il ne s'ensuit nullement que cette ville ait le droit de traiter à l'inçu de son Souverain avec les autres Souverains de l'Europe par le moyen de Ministres publics. Elle peut entretenir des relations d'amitié avec des puissances étrangères, & correspondre même avec elles sur tous les objets relatifs aux intérêts du corps & de ses membres, sans être autorisée pour cela à entamer une négociation importante avec une puissance étrangère qui pourroit avoir l'intention de séparer les intérêts de la ville de ceux de son Souverain; de se procurer les secours de celle-ci pour en faire indirectement usage au préjudice de celui-là; & de jetter ainsi le trouble & la désunion dans un Etat en s'attachant une ville sujette, si celle-ci se prévaloit de son droit de bannière pour former ce qu'on appelle *Status in Statu*. Mais en accordant même que ces villes eussent le droit de traiter pleinement avec les Etats étrangers comme de puissance à puissance, & comme les Princes d'Empire ou les villes Impériales, comment pourroit-on démontrer que le droit de police de quelques villes municipales leur donneroit les moyens de faire respecter un Ministre étranger dans leur banlieue? Ce droit de police leur donne à la vérité celui d'infliger un léger châtiment; mais nullement de punir un criminel; & si le domestique d'un Ministre étranger, commettoit quelque délit qui lui méritât l'incarcération & un supplice capital, quelle sûreté le Magistrat de la ville pourroit-il accorder à la maison du Ministre? L'officier du Souverain viendroit y faire saisir

le délinquant, & l'immunité seroit violée, sans que le Magistrat ni le Ministre pussent s'en plaindre. On voit donc
que selon le principe fondamental de
l'immunité les villes municipales ne sauroient recevoir de véritables Ministres
parce qu'elles ne peuvent point leur
procurer la sauve-garde, sans laquelle
ils ne sauroient exercer leurs fonctions.
Il n'a jamais dû être permis à aucune
puissance d'écrire à des sujets en forme de lettres de créance indéfinies, &
sans détermination d'aucun objet spécial. Tout ce qu'on peut consentir de
la part d'un Souverain, c'est que des
corps subalternes de ses Etats puissent
recevoir des lettres d'une puissance étrangère, dont l'objet soit relatif à
l'exercice de leurs droits & prérogatives, & sous la condition de présenter
incontinent de telles lettres à leur Prince soit à ses représentans, afin qu'il
puisse en empêcher l'effet si elles sont

contraires à son autorité légitime ; &
cela sous peine, en ne s'acquittant pas
de cette obligation indispensable, d'en
être punis comme rebelles. Il en résulte que des députés de puissances é-
trangères envoyés à une ville municipale pour des affaires particulières &
spéciales, doivent communiquer l'objet
de leur mission au Gouvernement, &
encore ces députés devroient-ils être
accrédités à celui-ci en même tems
qu'au Magistrat pour être considérés
comme Ministres publics [1]. Le caractère de ceux-ci diffère de celui des
Députés, en ce que les uns sont sous
la sauve-garde du droit des gens qui

[1] Les villes Anséatiques n'ont jamais eu le
droit d'Ambassade. Il ne reste de la hanse que
Brême, Lubeck, & Hambourg ; mais les deux
premières sont libres & Impériales aujourd'hui ;
Hambourg qui ne l'est pas tâche d'entretenir
l'idée de la hanse Teutonique pour suppléer à ce
que la qualité de ville Impériale lui vaudroit,
c'est-à-dire pour écarter les prétentions du Dan-

les répute hors du territoire où ils exercent leurs fonctions ; tandis que les Députés sont sous la protection de la foi
publique, ainsi que les Consuls & les
Agens.

XXVI.

Un Souverain étranger ne peut s'of-
fenser, selon Mr de V. [t], si l'on prie
son Ministre de se retirer, quand il a
terminé les affaires qui l'avoient ame-
né, ou lorsqu'il n'en a aucune à traiter. Mais dès qu'un Souverain a admis
un Ministre, il ne peut plus l'obliger
à s'en aller, à moins d'une rupture de
correspondance, ou d'un attentat commis par le Ministre. Il peut en deman-

____

nemarc. Le Roi de France qui a conclu des traités de commerce avec ces trois villes, n'a jamais
voulu reconnoître leurs Commissaires pour Ministres publics, mais seulement pour Députés. *

* *Réal Tome V, page 102.*
(t) Livre IV, §. 66.

der le rappel, mais c'est en cas de mé-
contentement personnel dont il ne s'agit
pas ici; & à moins qu'un Ministre n'ait
été envoyé spécialement pour une affaire particulière, on ne sauroit l'obliger à
quitter son poste, lors même qu'il n'auroit plus d'affaires à négocier; puisqu'il
est présumé être en place pour maintenir la bonne harmonie entre les deux
Etats. Si des Républiques ont eu à re-
gretter d'avoir admis des Ministres résidens, c'est une question de politique
& de droit public; mais ces Ministres
une fois reçus ne peuvent plus être é-
loignés par la seule volonté de l'Etat
qui les a admis, sous prétexte qu'ils
n'ont rien à faire, & même un Ministre qui n'auroit été admis que pour
une affaire particulière, ne peut être
éloigné que quand l'affaire est termi-
née, ou rompue de manière à ne plus
exiger son intervention.

XXVII.

Les auteurs qui ont écrit sur le droit des gens ne sont pas d'accord sur le caractère des Consuls. Les uns, comme M.ʳ de V., leur refusent celui de Ministres publics, mais en leur accordant jusqu'à un certain point la protection du droit des gens, puisque leurs fonctions exigent qu'ils soyent indépendans de la justice criminelle ordinaire du lieu où ils résident. D'autres, comme M.ʳ de Steck, soutiennent que les Consuls étant chargés par leur Souverain des affaires de l'Etat & des intérêts de la nation doivent être considérés comme Ministres publics, & jouir de la protection du droit des gens [1].

(1) Vicquefort refuse au Consul le nom & le caractère de Ministre public. Callières nie également que ce caractère convienne au Consul; mais il ne peut s'empêcher de l'accorder à ceux qui sont établis dans les Echelles du Levant.

Pour résoudre cette question, il faut savoir si la fiction de droit sur laquelle l'immunité du caractère public repose, est applicable aux Consuls, & si quand il n'y a point de traité qui détermine leurs privilèges, ils sont réputés absens du lieu où ils exercent leur Consulat. C'est ce qui n'a pas lieu, & quoique les Consuls soyent chargés par leurs Souverains de veiller aux intérêts du commerce national, & d'avoir l'œil sur l'observation des traités de commerce, d'en solliciter l'exécution; de faire des plaintes au Gouvernement

Réal leur refuse absolument le nom de Ministres publics; tirés ordinairement du négoce, & n'étant envoyés que pour avoir soin des affaires des négocians de leur nation. n'étant pas destinés à representer leur Souverain, ni à résider auprès du Souverain du pays, ni à manier des affaires d'Etat, ils ne sauroient, selon cet Auteur, s'attribuer le titre ou les prérogatives de Ministres publics. Moser reconnoit le caractère public dont les Consuls sont revêtus, & les place dans le troisieme ordre des Ministres.

du pays où ils résident en cas d'infraction; quoique même ils soyent à certains égards chargés des affaires de leurs
Souverains, celà ne sauroit les faire
jouir de l'immunité du caractère public dans le même sens que les Ministres en jouissent. Ils sont sous la protection du Souverain qui l reçoit;
& leur patente étant visée & reconnue par le Gouvernement qui doit les
protéger, ils se trouvent à cet é-
gard au rang des Agens, qui étant
chargés des commissions particulières
de leurs Souverains, ne sont point accrédités par eux. Les uns & les autres sont comme les Commissaires,
les Députés, &c. sous la protection
de la foi publique. Le Souverain qui
a consenti à ce qu'ils puissent remplir
leurs devoirs dans ses Etats, & exécuter les commissions dont ils sont chargés, ne sauroit y mettre obstacle sans
blesser les égards dûs au Souverain

de qui ils dépendent. Mais cette protection ne va point jusqu'à l'immunité dont les Ministres joüissent. Les Consuls n'ont pas le droit d'azile ; ils ne sont point exempts de la justice du lieu où ils résident ; par conséquent ils ne sont point participans à l'immunité fondée sur la fiction de droit dont on a parlé ; & ce qui le prouve c'est qu'il faut une lettre de créance indépendante de la patente de Consul ou d'Agent, pour que ceux qui ont cette patente puissent être considérés comme chargés d'affaires. D'ailleurs il suffit de dire que ce sont les traités de commerce qui décident de la manière dont les Consuls sont considérés & de leurs privilèges ; tandis que l'immunité des Ministres publics est entiérement indépendante du droit des gens conventionnel [1].

------

[1] Les traités entre la Porte & plusieurs Souverains de l'Europe stipulent que leurs Consuls dans l'Empire Ottoman jouiront des privilèges

XXVIII.

Arrêter & faire violence à un Ministre qui passe sur un territoire étranger pour se rendre à sa destination ailleurs, c'est blesser les égards dûs à son maître & a sa nation. François I.er étoit fondé à se plaindre de

---

du droit des gens ; ce qui prouve que sans une convention expresse ils n'en jouiroient pas. Ainsi les articles même les plus favorables à l'immunité des Consuls, savoir ceux qui sont relatifs aux Consulats du Levant, bien loin de prouver l'opinion de Moser, prouvent seulement qu'il faut une convention expresse pour que les Consuls jouissent des privilèges du droit des gens ; & encore n'en jouissent-ils pas dans toute l'étendue du terme, & selon l'acception réservée aux seuls Ministres accrédités à la Porte. — Quelques Puissances conviennent entr'elles de n'établir & n'admettre aucuns Consuls, par exemple la France & les Etats généraux. Le traité entre la France & l'Empereur de 1769 stipule, que les Consuls ne pourront être arrêtés ni mis en prison, excepté pour des crimes atroces, & que si les Consuls sont négocians, l'immunité dont ils

l'assassinat de ses Ambassadeurs Rincon & Frégose, comme d'une violation
de la foi publique, mais non comme
d'un attentat contre le droit des gens,
qui ne peut s'exercer qu'envers des
Ministres accrédités au Souverain du
pays. Ceux qui y passent pour se rendre ailleurs sont des personnes privées,

---

jouissent ne doit s'entendre de leurs dettes ou
autres causes civiles qui ne sont pas criminelles,
& qui proviennent du commerce qu'eux-mêmes
ou leurs commis exercent. Leurs maisons ne jouissent point du droit d'asile. Il n'est pas permis
de saisir les papiers d'un Consul, à moins qu'il
ne soit négociant; car pour ce qui regarde son
commerce l'on agira avec lui conformément aux
traités par rapport aux autres négocians étrangers ou passagers. Les Consuls sont obligés de
donner telle déclaration juridique que le Magistrat du lieu exige d'eux pour des affaires de justice ou de police. — Ces stipulations suffisent
pour prouver que les Consuls ne jouissent pas
des immunités du caractère public. Comment ré-
puter absent du lieu où il réside le Consul qui
y est négociant & dont on peut saisir les papiers? Les Consuls de Barbarie qui présen-
tent des lettres de créance aux Régences Bar-

& qui ne peuvent réclamer l'immunité du droit des gens. Les Etats généraux n'eussent pas été en droit d'arrêter le Baron de Goerz, ce Ministre célébre de Charles XII Roi de Suède, comme ils firent en 1717, si un Ministre public jouissoit des mêmes priviléges ailleurs que dans les Etats du Souverain

baresques, doivent être considérés comme des Chargés d'affaires qui exercent en même tems le Consulat. „ La jurisdiction attribuée aux „ Consuls sur les gens de leur nation, n'émane „ point (selon M.r de Steck page 63) de la puis-„ sance & de l'autorité du Souverain qui les éta-„ blit * & qui n'a point de pouvoir sur ses su-„ jets expatriés, demeurans, commerçans, & é-„ tablis dans les pays étrangers. Elle dépend & „ dérive plutôt de la concession, de l'attribution „ du Souverain de l'Etat où les Consuls résident. „ Elle suppose donc toûjours des traités qui l'é-„ tablissent „. En effet, il y a des Etats, com-me la Russie, où les procès des étrangers ressor-tissent aux tribunaux Russes, & dont les Con-suls ne peuvent prendre connoissance que com-me arbitres & par la soumission des parties.

* Voyez Réal, qui cite le cas de deux personnes enle-vées de droit dans la maison d'un Consul. Tome I.er, page 61.

auquel il est envoyé. Rincon etoit destiné par François Ier à l'Ambassade de Constantinople, & Frégose à celle de Venise; l'un & l'autre avoient des instructions tendantes à unir la Porte & cette République avec la France contre la Maison d'Autriche, & il devenoit très-important à l'Empereur Charles Quint que ces Ambassades n'eussent pas de succès. Il n'auroit pas accordé le passage dans ses états à ceux qui alloient manœuvrer contre ses intérêts; & s'ils voulurent le tenter à leurs risques, ce fut en se confiant aux loix de l'hospitalité, qui seules furent violées pour le fait dont il s'agit, quoique Mr de V. qualifie cet attentat de *lésion du droit des gens*, & prétende que François Ier avoit un très-juste droit non seulement de déclarer la guerre à Charles Quint, qui ne lui donna point de satisfaction raisonnable, mais même de demander l'assistance de toutes les Nations intéressées à maintenir comme sacrés le droit & les moyens qu'elles ont de communiquer ensemble, & de traiter de leurs affaires. Le passage innocent est dû à un simple particulier, même avec une entière sûreté; à plus forte raison le doit-on au Ministre qui va exécuter les ordres de son maître, & qui voyage pour les intérêts d'une nation. Si le voyage du Ministre est justement suspect, le Souverain peut lui refuser le passage; mais il ne doit pas souffrir qu'on attente à sa personne. Les droits de l'humanité furent donc violés d'une manière insigne, comme on l'a dit, dans cette occasion; mais le droit des gens ne l'ayant pas été, François I.ᵉʳ ne pouvoit, en déclarant la guerre pour ce fait, réclamer l'assistance des autres Nations.

XXIX.

En traitant la question de l'immunité du caractère public, fondée sur la grande utilité & la nécessité même des Ambassades, M.ʳ de V. [1] conclut que les Souverains sont obligés de respecter l'inviolabilité des Ambassadeurs, tant qu'elle ne se trouve pas incompatible avec leur propre sûreté, & le salut de leur Etat. Il auroit pu simplifier cette question en disant que la fiction de droit sur laquelle repose l'immunité du caractère public; qui protège le Ministre dans tous les cas où il ne renonce pas à ce caractère, cesse tout-à-fait quand le Ministre y renonce, & qu'il devient ennemi de l'Etat où il réside, en conspirant contre son Souverain. On le prive alors, comme dans le cas de la conjuration du Prince de Cella-

---

(1) Livre IV, §. 98.

mare [1], des moyens d'exécuter ses complots; & comme il pourroit arriver qu'il se comporteroit en ennemi public, on rentre à son égard dans les droits d'une juste défense, parce que la fiction qui lui servoit de sauve-garde, ne subsiste plus.

XXX.

Dès qu'une coutume indifférente en soi est une fois bien établie & reçue, elle oblige les nations qui l'ont expressément ou tacitement adoptée. Cependant si quelqu'une y découvre dans la suite des inconvéniens, elle est libre de déclarer qu'elle ne veut plus s'y soumettre; & sa déclaration une fois donnée bien clairement, personne n'est en droit de se plaindre si elle n'a aucun égard à cette coutume. Mais u-

[1] Ambassadeur d'Espagne à la Cour de France en 1718.

ne pareille déclaration doit se faire d'avance & lorsqu'elle n'intéresse personne en particulier ; il est trop tard d'y venir lorsque le cas existe. C'est une maxime généralement reçue *que l'on ne change pas une loi dans le cas actuellement existant* [1]. L'abolition d'une coutume n'a lieu pour l'ordinaire que lorsque ses abus sont venus au point de fixer l'attention du législateur ; ceux qui ont occasionné ces abus se trouvent ainsi particuliérement intéressés à ce que l'abolition de la coutume n'ait pas un effet rétroactif. Cependant la maxime indiquée par Mr de V. souffre des exceptions fréquentes ; & il arrive presque toûjours que celui qui en abusant d'un privilège usité force le législateur à le supprimer, en porte le premier la peine. On pourroit à ce sujet former une que-

---

[1] Livre IV, §. 1c6.

stion de droit des gens très-importan-
te ; savoir, si une coutume utile en elle-même, mais dont les abus peuvent
aisément devenir préjudiciables, est
susceptible d'être abolie de la part d'u-
ne nation, par une déclaration de sa
volonté, sans que les autres puissent
léser son indépendance, en s'opposant
à cette abolition, & en la contraignant
de rétablir cette coutume présumée u-
tile à l'intérêt de la Société générale.
Ce cas seroit celui où l'on pourroit décider si le principe de l'indépendance
absolue & illimitée des nations, est
plus propre à servir de base au droit
des gens, que celui de leur Société u-
niverselle, établie par un pacte tacite,
dont l'infracteur doit être réprimé par
leurs efforts réunis. Leur indépendance absolue étant une fois admise, il en
résulteroit que chacune d'elles seroit
autorisée à abolir les usages les plus
avantageux à leur Société générale, dès

qu'ils blesseroient son intérêt dans certains cas particuliers; & dès lors de pareilles déterminations deviendroient arbitraires. Au lieu que selon le principe déjà appliqué plusieurs fois, les coutumes dont l'utilité seroit *notoire*, & la convenance *certaine*, seroient comme les devoirs parfaits qui ne peuvent être enfreints impunément; tandis qu'au contraire les coutumes qui résultent d'un état *particulier* de choses, des forces, des facultés, des circonstances *personnelles*, sont dans le genre des devoirs imparfaits, dont on ne peut exiger l'observation par la force, & qui sont soumis aux règles de la morale, sans l'être à celles du droit naturel.

Contraste insuffisant

NF Z 43-120-14

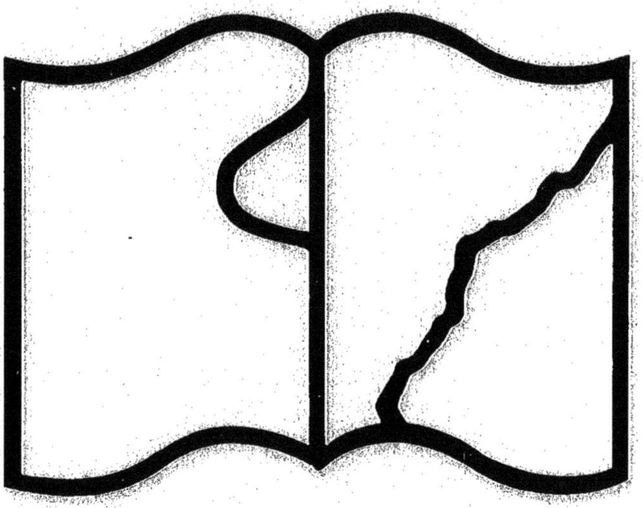

Texte détérioré — reliure défectueuse

NF Z 43-120-11